LE SUFFRAGE UNIVERSEL

ET

L'Instruction primaire

LE SUFFRAGE UNIVERSEL

ET

L'INSTRUCTION PRIMAIRE

Par Charles TALBOSQ

ET

H. F. DELAUNAY

Membre titulaire correspondant de l'Institut Britannique, etc.

PARIS

Chez les Auteurs, rue d'Ulm, 25

Et chez tous les Libraires

1864

A MESSIEURS LES DÉPUTÉS DE 1864

Une nouvelle législature s'ouvre : la France émue attend le débat de cette question qu'on nomme à tort *Polonaise*, puisqu'elle est *Européenne*.

Mais que les affaires du dehors ne détournent point nos yeux de celles du dedans.

Un grand ministre, le plus remarquable depuis Turgot peut-être, a tenté en quelques mois de réaliser une immense entreprise, la réorganisation de l'Université et la réforme des études. Ce qu'il a déjà fait nous est garant de ce qu'il veut faire et de ce qu'il fera.

Entrons dans sa voie, et portons notre attention sur le grave problème dont il est en ce moment sans doute préoccupé, l'*Instruction primaire*. Il y aura tantôt quatre-vingts ans que ce problème est posé, sachons enfin si le temps n'est pas venu de le résoudre.

MM. les Députés,

Le pays, dont vous êtes les représentants, n'a

pas de plus pressant besoin que cette loi sur l'Instruction primaire que nous sollicitons de vous. On ne l'a pas oublié, et vous vous en souviendrez : à la veille de la lutte électorale, *Réforme de l'Instruction primaire*, ce fut le cri général des candidats, la première de leurs promesses.

Nous ne voulons être d'aucun parti, pour nous la seule vraie, la seule grande question, la voici : Est-il important d'instruire et de moraliser le peuple ?

« Près de cinq millions d'enfants, dont un tiers à titre gratuit, disait l'Empereur dans son discours, sont reçus dans les écoles primaires, mais nos efforts ne doivent pas se ralentir, puisque six cents mille encore sont privés d'instruction. »

Ce ne sont pas tout à fait nos chiffres, mais qu'importe ! Nous nous entendrons tous sur ce but qui est la généralisation de l'instruction, il ne restera plus qu'à discuter l'emploi des moyens. Or, cette généralisition ne sera obtenue ni par la gratuité restreinte, depuis longtemps stationnaire (1), désormais impuissante, ni par la gra-

---

(1) En 1857, sur 3,450,000 enfants reçus dans les écoles primaires, 1,250,000 l'ont été gratuitement. C'est plus du tiers, comme on voit.

tuité complète dont ne profiteraient pas les familles misérables et celles qui spéculent sur le travail des enfants. Rien ne sera fait tant qu'on n'aura pas établi par une loi l'obligation.

Vous l'avez entendu, cette question est capitale, la tâche est grande et difficile, nos efforts seront secondés, ne les ralentissons pas, mais surtout sachons les diriger...... Oui, sachez-le bien, la prospérité, la grandeur de notre France bien-aimée, la dignité individuelle, la liberté commune, tous ces trésors inestimables sortiront de l'humble école primaire Cessez donc de disputer sur la forme de gouvernement, république, monarchie, empire, etc., qu'importe ? Laissons à chacun ses affaires et faisons les nôtres; avant d'être ceci ou cela, soyons Français !

Paris, 18 novembre 1863.

§ I

Qu'est-ce que le suffrage universel ?

Proclamé par la Convention sur le rapport de l'illustre Condorcet, reconquis par la Révolution de 1848, le suffrage universel a été consacré par la Constitution de 1852.

Depuis lors il n'a pas manqué de courtisans; mais parmi le petit nombre de vrais amis qu'il a rencontrés, combien se sont préoccupés d'assurer ses moyens d'existence ?

Existence précaire, pourtant, prenez-y garde, vous tous auxquels il est cher.

En effet, le suffrage universel nous apparaît aujourd'hui comme un pupille tenu en tutelle par le Gouvernement — Tutelle bienveillante, protection honnête, direction nécessaire, — soit ! Mais ne serait-il pas à désirer qu'il pût s'en passer ? Depuis quand le tuteur est-il élu par son pupille ? Et cette situation anormale ne doit-elle pas inquiéter le gouvernement lui-même ?

Il faut sortir de cette situation ; nous allons en chercher les moyens. Qui sait si en se pro-

longeant elle ne causerait pas la ruine de la
Constitution, et ne nous entraînerait point dans
une suite de malheurs dont il n'est donné à personne de prévoir la fin?

D'après la Constitution de 1852, le suffrage
universel est direct. Chaque citoyen français,
pourvu qu'il jouisse de ses droits civils, est
appelé à y prendre part. Ainsi composé, le suffrage universel nomme les membres des Conseils
municipaux, des Conseils généraux, les Députés
au Corps législatif, et même, nous l'avons vu,
depuis 1848, appelé deux fois à élire le Chef
de l'Etat. Tout pouvoir émane donc de ce suffrage, directement ou indirectement.

Mais avec ces magnifiques prérogatives, tire-
t-il de lui-même son autorité? Est-il bien vraiment la source de tout pouvoir? et sinon, ou
prend-il le principe de son existence? Examinons.

Je définirais volontiers le suffrage universel,
Le MOYEN *de connaître, à un moment donné, la
volonté générale d'une nation.* Un moyen, di-
sons-nous, et rien de plus. Premier, parmi tous
les pouvoirs qu'on reconnaît dans un Etat, il
tient sa puissance de la volonté générale. Les
pouvoirs législatif, exécutif, judiciaire, émanent
de lui ; il émane, lui, de la souveraineté du peuple.

Constitution de 1848.

Art. 1.

« La souveraineté réside dans l'Universalité
des Citoyens français. »

Art. 24.

« Le suffrage est direct et universel. »

§ II

Souveraineté du peuple.

Nous ne voulons pas perdre le temps à établir
la doctrine de la souveraineté du peuple ; ce-
pendant la crainte de tomber dans un lieu commun ne nous empêchera pas de rechercher les
principes sur lesquels cette doctrine repose. Nous
ne parlerons ici ni de pacte social, ni de contrat
positif tel que celui qu'on a reproché à Rousseau
d'avoir conçu. Nous nous contenterons de prendre la société telle qu'elle est : Qui doit-y-être
souverain, qui doit y être sujet ? Telle est l'al-
ternative sur laquelle nous aurons à prononcer.

La société nous apparaît comme un être col-
lectif composé d'une agglomération d'individus ;

ces individus nous apparaissent à leur tour comme essentiellement libres.

L'homme est libre : Dieu lui a donné la Conscience pour éclairer sa Raison, choisir en connaissance de cause, et la Volonté pour faire ce qui lui plaît. Il y a donc dans l'Homme un souverain, un conseil qui éclaire le souverain, un ministre qui exécute ses ordres. Le conseil c'est la Conscience qui perçoit la loi morale, le souverain c'est la Raison qui choisit entre le bien et le mal, le ministre, c'est la Volonté, sorte de pouvoir exécutif de ce petit État.

Voilà bien en raccourci dans l'homme l'image de ce qui se passe dans la société. Réunion d'individus associés pour un même but, la société a aussi sa conscience, sa raison, sa volonté, et vous trouverez en elle comme dans l'individu, un conseil, un souverain, un ministre.

Il y a une loi morale pour les sociétés comme il y en a une pour les individus, plus développée dans le premier cas, mais toujours identique au fond. Il est clair, par exemple, que si le but de la vie de l'homme, considéré comme individu, est sa conservation, son bien-être et son perfectionnement, le but de la vie de l'homme considéré comme membre du corps social, doit être la conservation, le bien-être et le perfectionnement, non plus seulement de lui-même, mais aussi des autres hommes faisant partie du même corps que lui.

La conscience sociale, comme la conscience individuelle perçoit très-bien cette vérité, et elle sait dire à la raison, qui est toujours la vraie, l'unique souveraine dans la société comme dans l'individu : « Voici le but de tes efforts. »

Le conseil entendu, le choix fait, la raison fait exécuter ses ordres par la volonté générale.

Cette volonté n'est pas souveraine, comme vous le voyez, ou plutôt elle n'a qu'une souveraineté relative et d'emprunt, qu'elle conservera autant qu'elle se soumettra aux ordres de la raison; si elle cessait d'obéir, elle perdrait le droit de commander. En d'autres termes la volonté générale a son autorité et sa sauvegarde dans la raison sociale éclairée par la loi morale.

Hors de là elle n'exprime que la violence et la passion, et cette suprême injustice qu'on appelle la *raison des majorités* et le *droit du plus fort*.

En résumé, la raison sociale libre, choisissant en connaissance de cause, voilà la vraie souveraine. Mais direz-vous, sur quoi s'exerce sa souveraineté ? Quel est le sujet ? Est-il besoin de le nommer ? Dans l'homme n'est-ce pas la sensibilité que la raison individuelle doit contenir dans de justes limites et maîtriser toujours ? Dans la société ce sera donc cette même sensibilité généralisée que la raison sociale devra réprimer toutes les fois qu'elle se traduit par l'égoïsme et l'arbitraire.

Faut-il bien des réflexions, bien des études pour en rester convaincu ?

Reste à savoir par quel moyen le souverain transmettra ses ordres au sujet : ce sera par la volonté générale ; cette volonté aura pour organe le suffrage universel.

§ III.

Conditions du suffrage universel.

Comment le suffrage pourra-t-il exprimer cette volonté générale ? n'y a-t-il pas d'autres moyens de la connaître ?

L'opinion publique peut bien la révéler jusqu'à un certain point, mais vaguement, sans aucune précision. Elle fait sentir en quelque sorte la volonté générale, elle ne la démontre pas. Or il ne faut pas que cette volonté puisse être contestée ; cette nécessité rigoureuse nous enlève le choix des moyens, il n'y en a qu'un de

bon et de praticable, c'est le **suffrage universel**.
Quoiqu'en disent certains publicistes à courte
vue, le suffrage forme un quatrième pouvoir
dans l'État, et ce quatrième pouvoir est le premier de tous.

La parole n'est pas la pensée, le suffrage
n'est pas la volonté générale ; l'homme peut
mentir, le suffrage peut être un interprète infi-
dèle. Copie plus ou moins exacte de la volonté
générale, la copie une fois fixée reste invariable,
tandis que l'original peut varier.

Le suffrage universel doit donc réunir deux
conditions essentielles, 1° être l'expression vraie
de la volonté générale ; 2° l'être actuellement,
sans cela, il nous trompe sur les intentions du
souverain qu'il a mal interprétées, ou avec
lequel il n'est plus d'accord.

La première condition sera réalisée si le vote
a lieu sans pression, et si chacun y apporte la
réflexion et la gravité nécessaires.

La seconde devient plus embarrassante.
Pour contrôler les résultats du vote d'hier, il
faudrait voter demain. Mais un État ne se gouverne pas comme un homme, la machine du
suffrage n'est pas des plus commodes ; pour la
mettre en œuvre, il faut des délais, une dépense
de temps et de travail considérables ; elle
trouble, elle agite, elle dérange toujours quelque

peu, même dans les conditions les plus favorables. Vous voyez bien qu'on ne l'emploiera jamais aussi souvent qu'il le faudrait, presque jamais aussi souvent qu'on le voudrait. Il faudra bien s'y résigner.

Je suppose ces deux obstacles supprimés, voici maintenant une troisième difficulté à laquelle il nous faudra songer. Nous avons, dans la théorie, admis l'universalité du suffrage ; car sans cette universalité, le suffrage ne représentera plus qu'imparfaitement la volonté générale. Or, le suffrage n'est pas universel ; les malades, les absents, les femmes qui représentent une partie de la raison sociale, c'est-à-dire du souverain n'y ont point part.

Est-ce tout? Non, et le danger dont je vais parler vous fera oublier tout le reste.

§ IV

Dangers du suffrage universel.

Sous la monarchie de Juillet le suffrage universel devenu restreint, avait laissé comme un épouvantail son souvenir dans les rangs du parti conservateur. Un ancien député de l'Assemblée Constituante écrivait en 1834 :

« La perfection des Gouvernements consistant à faire sortir l'harmonie politique des intérêts individuels, le suffrage universel serait à établir s'il devait faire le bonheur universel. »

« Cette question, d'une si haute importance pour les peuples qui ont une constitution, est à résoudre ; et le désir que l'on manifeste depuis peu de voir ce mode d'élection consacré par la loi, pauvre héritage de Robespierre, me fait un devoir de parler d'un savant qui jouissait d'une haute estime, dont les talents étaient embellis par une probité politique qui lui a coûté la vie. »

« Dans ces temps d'horribles souvenirs où la mort frappait l'innocent et le bourreau, Condorcet, membre du comité de salut public, fut chargé de présenter une constitution. Quoique je ne fusse plus alors son collègue, je le priai de me dire quelle était la base de son travail, les élections. Il me fit part des opinions qui avaient partagé le comité, dont le résultat fut le vote universel, comme étant la conséquence de la République... 1793 voulait cette conséquence ! »

« Puisque vous me permettez, lui dis-je, de vous parler avec toute la sincérité de ma conviction, je vais combattre l'opinion de la majorité du comité par des raisonnements qui sortiront des faits. L'universalité des citoyens d'une nation a-t-elle le patriotisme sublime de sacrifier en toutes choses ses intérêts privés aux intérêts généraux ? L'axiome *Nemo sibi secundus* fait la réponse. Il faut donc porter aux fonctions de l'Etat, des hommes qui, par leur position sociale, sont les plus capables de faire le bien général, et dont on connaît la moralité. L'universalité des citoyens a-t-elle les connaissances voulues pour faire de bonnes nominations? Non certes. Les démagogues enfin ont si cruellement abusé de l'honnête crédulité des hommes sans instruction, que le mot seul d'aristocrate est une sentence de proscription ; et pourtant ces chefs de malheur savent aussi bien que vous, que l'aristocratie d'esprit, de savoir, de vertu, de fortune, de naissance qu'on a voulu noyer dans le sang, par une barbare et ambitieuse envie, est dans le grand œuvre de la création. Vérité brûlante pour les sophistes, qu'ils dénaturent au gré de leurs passions, quand ils parlent à gens qu'ils dédaignent. »

« Puisque vous avez la bonté de m'écouter avec quelque intérêt, je vais dire laconiquement toute ma pensée sur la souveraineté du peuple. On abuse de cette expression, faute d'en connaître la justesse, ou dans la criminelle intention de porter les citoyens au mépris des lois. La souveraineté du peuple n'est positive, forcée

que pour un peuple de sauvages dont l'existence
est la même sous tous les rapports; mais pour
une nation civilisée, iustruite, policée, la souveraineté du peuple n'est qu'une idée théorique,
inhérente à la nature primitive, sans application
possible; elle dort d'un sommeil léthargique.
Vouloir qu'une grande nation se gouverne par
la souveraineté du peuple proprement dite,
c'est manquer de jugement ou de bonne foi.»

« Le suffrage universel fera le malheur du
pays, il frappera de mort les citoyens les plus
recommandables par leur savoir et leur honnê-
teté. Vos ennemis, Condorcet, ne vous pardon-
neront pas l'estime qu'ils vous portent. Excusez
ma franchise ; vous voyez que j'en souffre.
Les séductions les plus criminelles ne font-elles
pas déjà fermenter les plus mauvaises passions?
Faudra-t-il que les Français s'exterminent
comme les soldats de Cadmus, pour juger le
suffrage universel? »

« Suffrage universel qui quelque jour brisera
l'union des Etats d'Amérique. »

« Dieu veuille faire un miracle qui anéantisse
mes prévisions ! »

« Un ambitieux de popularité ne m'aurait
pas écouté, mais Condorcet, loyal, moral, beaucoup au-dessus d un amour-propre de médio-
crité, me répondit que *si l'expérience venait*

à l'appui de mes objections, on ferait un mode
électoral commandé par la nécessité. »

Nous n'éprouvons ni les craintes ni les répugnances de M. Chaubry, mais nous comprenons
la réserve de Condorcet. Pour nous, d'ailleurs, il
ne s'agit pas de savoir si le suffrage universel
doit ou non exister : il existe, nous l'acceptons.
S'il n'existait pas, nous le demanderions ; c'est
le principe de tout progrès social, la pierre angulaire de l'édifice de l'avenir.

Mais il faut le dire et le redire, cette source
de tous biens peut devenir la cause d'une foule de
malheurs. Mettez cette redoutable machine aux
mains d'un peuple avili, corrompu, vous lui
faites une chaîne de ce noble instrument de liberté ; supposez-la au pouvoir d'un tyran, vous
allez lui fournir les moyens de légaliser la servitude ; confiez-la à une nation d'ignorants, c'est
la livrer à la merci du premier charlatan venu ;
arme à deux tranchants, et qui sert également la
corruption et le patriotisme, le despotisme et la
liberté !

Vous, qui avez reçu le bienfait de l'éducation et de l'instruction, dont la moralité est par
conséquent suffisamment développée, n'êtes-
vous pas en droit de voir dans la masse populaire, qui vote avec vous et l'emporte numéri-
quement sur vous, un attentat à votre liber-

té?—« Je choisis, dites-vous, je calcule, je réfléchis, je raisonne ; et cette foule égoïste, trompée parfois, passionnée toujours, m'opprime. Tous les hommes, me répondra-t-on, doivent être égaux et libres.—Je le veux, mais qu'ils soient donc tous moraux, éclairés, justes. » Ainsi, émancipons, émancipons, mais n'oublions pas la conséquence nécessaire de ce travail libérateur qui nous est imposé par la raison et la le devoir de moraliser que ce travail nous crée justice ; n'oublions pas les classes émancipées.

« L'ignorant a beau être libre par la loi, disait en 1849 M. J. Simon, il dépend par son ignorance de quiconque veut le gouverner, de quiconque veut l'exploiter. »

Voulez-vous donc que le suffrage universel se réalise pleinement ?

Instruisez.

Voulez-vous qu'il passe à l'état d'institution durable !

Instruisez.

Voulez-vous qu'il serve le progrès et favorise le développement des libertés ?

Instruisez

Voulez-vous qu'il ne puisse jamais devenir un danger ?

Nous ne trouvons qu'un mot, toujours le même, à vous répondre : Instruisez, instruisez !

§ V

L'Instruction doit-elle être obligatoire ?

L'enseignement du peuple se trouve donc lié de la façon la plus étroite à la réalisation du suffrage universel ; on peut dire de lui ce que Fabius disait de sa toge, qu'elle portait dans ses plis la paix ou la guerre. Songeons-y.

Nous chercherons tout à l'heure ce qu'il convient d'ajouter à l'enseignement primaire ; mais avant de constater ce qui nous manque, étudions d'abord ce que nous avons et voyons si on en a tiré le meilleur parti possible ; commençons par tirer de l'instruction tout ce qu'elle peut et doit nous donner avant de songer à lui créer des auxiliaires.

L'Instituteur communal est chargé d'enseigner aux enfants et la lecture et le calcul, de leur donner des notions d'histoire et de géographie. Tous les élèves qui ont suivi assidûment l'école savent lire, écrire et calculer, et sur ce point je n'exprimerai qu'un vœu, c'est que, devenus jeunes gens, ils entretiennent et développent avec soin ce commencement de culture.

Tous les élèves qui ont suivi assidûment

l'école, disions-nous... Mais combien la suivent, et combien moins encore la suivent assidûment? Laissons parler les chiffres : Nous comptons en France environ 5,300,000 enfants de 6 à 13 ans. Sur ce nombre, beaucoup plus d'un demi million reste (par la faute des parents) éloigné de tout enseignement; un million et demi ne reçoit pas l'instruction régulièrement.

En 1857, on a évalué à 210 sur 1,000 le nombre de garçons qui ne recevaient aucune éducation : le nombre des filles était de 250 sur 1000.

M. Eugène Rendu (*Journal des Débats*, juin 1857) évalue à 800,000 les enfants de 7 à 13 ans sans aucune éducation. Suivant un autre calcul, qui date de 1855, le nombre total des enfants privés de toute instruction, devrait être porté à 1,600,000.

Il reste constant que plus de deux millions sur cinq, restent à peu près complétement illettrés.

Les causes de ce déplorable état de choses peuvent se résumer ainsi : apathie, indifférence, spéculation coupable, misère.

Or il importe de trouver un remède et de l'appliquer; nous avons déjà dit pourquoi, voici une considération qui achèvera de prouver l'importance de la mesure que nous sollicitons.

Sur 170 accusés, il y en a **77** illettrés. Voulez-vous compléter l'épreuve? Le département des Bouches-du-Rhône, qui dépense le moins pour ses écoles, est celui qui dépense le plus pour les frais de justice. Toute réflexion serait superflue.

Ecoutez maintenant ces voix éloquentes qui s'élèvent de toutes parts pour commenter ce résultat de l'expérience :

« La politique a le plus grand intérêt à donner à tout enfant au moins le premier degré d'instruction (Vœu du Congrès international de bienfaisance réuni à Francfort, juin 1857).

« Il ne peut être permis à personne de tenir un homme, un citoyen futur, dans l'ignorance et la brutalité, et d'élever ainsi un ennemi pour la société. » (E. Laboulaye, *Histoire des colonies d'Amérique*).

« Toute espérance de stabilité qui ne repose pas sur le progrès du peuple sera trompée infailliblement. C'est de la religion que de croire à l'élévation de toutes les classes de citoyens comme au moyen le plus effectif d'assurer au pays un bonheur et une tranquillité durables. » (Chan ning.)

« L'homme ignorant est une non-valeur, et le plus souvent une nuisance pour ses semblables. Mal élever l'homme, c'est détruire des capitaux ; c'est préparer des souffrances et des pertes à la société. Il y a là, outre le droit primitif de l'enfant, un droit social en vertu duquel *la société, lésée par l'ignorance, peut proscrire l'ignorance.* Le père est tenu de placer toujours l'intérêt de son enfant avant son propre intérêt. Il n'a pas le droit d'exploiter cet être issu de son sang ; il doit se comporter avec lui comme un tuteur consciencieux vis-à-vis de son pupille. S'il manque à cette obligation que la loi naturelle lui impose, la loi civile, expression de la loi naturelle, *doit l'y contraindre.* » (Molinari.)

« Quand l'enfant est en tutelle, la loi règle positivement la manière dont les conseils de famille et le tribunal pourront intervenir pour déterminer le genre d'instruction qui sera donnée à l'enfant, et pourvoir aux dépenses nécessaires ; et le subrogé-tuteur doit, sous ce rapport comme sous tous les autres, surveiller le tuteur, fût-il le père ou la mère. Mais, quand le père et la mère sont tous deux vivants, il n'y a point de tutelle, par conséquent point de subrogé-tuteur et de conseil de famille. Le père exerce sur l'enfant non la tutelle, mais la puissance paternelle, et la loi ne contient pas de dispositions spéciales qui en règlent l'exercice. Mais comme le père est obligé non-seulement de nourrir et d'entretenir ses enfants, mais encore de les élever ; on est assez généralement d'accord que s'il ne leur donnait pas un genre d'instruction convenable, eu égard à sa fortune et à sa position sociale, les magistrats pourraient intervenir sur la provocation de la mère ou de la famille (Pellat, doyen de la Faculté de droit de Paris).

« Quand un homme a faim, il sait très-bien qu'il lui faut des aliments, et il travaille de tout son pouvoir à s'en procurer. Quand un homme est ignorant, il ne comprend pas toujours qu'il a besoin d'instruction... Si donc il importe à la société entière qu'aucune des classes dont elle est composée ne demeure complétement privée d'instruction, il faut bien que l'État, qui est la société organisée et rendue capable de vouloir et d'agir collectivement, s'occupe de cet intérêt général et cherche à y pourvoir... Il faut agir sur les volontés engourdies ou récalcitrantes de ceux pour qui l'instruction n'est pas un besoin senti, parce qu'il leur manque précisément le degré d'instruction nécessaire pour avoir conscience de ce besoin ; il faut vaincre l'apathie, l'indifférence, les répugnances, quelquefois intéressées, des familles plongées dans l'ignorance. Ce n'est pas seulement la répugnance à supporter un sacrifice pécuniaire quelconque, c'est l'apathie produite par l'ignorance qui empêche les parents de faire instruire leurs enfants, et bien souvent cette apathie se complique de vues intéressées. En France, par exemple, on voit les écoles des communes rurales délaissées en été par une grande partie des enfants qui les fréquentent en hiver. La raison de cette différence n'est pas la difficulté de payer ou de se rendre à l'école, elle gît toute entière dans le profit que les parents trouvent à retenir leurs enfants et à les employer aux travaux de la campagne pendant la saison où ces travaux sont les plus urgents et les plus continus. » (Cherbuliez.).

« Est-ce qu'un enfant n'acquiert pas de droits en naissant ? N'a-t-il pas des droits à l'égard de son père ? Est-ce qu'un père, une mère ou un tuteur a le droit de maltraiter, d'affamer l'être débile qui est entre ses mains ? Non. A t-il le droit de le soumettre à un travail malsain ? Non. A-t-il le droit de s'emparer de sa fortune ? Non. A-t-il le droit de le priver de nourriture ? Non. A-t-il le droit de le priver de la nouriture de l'âme, de l'instruction, d'en faire un être incapable de s'élever aux notions religieuses et morales, et à peine digne du nom d'homme ? Non, mille fois non ! La liberté de faire des brutes n'existe pas, et si quelqu'un la réclamait, j'en sais qui demanderaient la suppression du Code. » (Ch. Dickens. *Mon opinion sur l'enseignement.*)

Concluons : l'ignorance est un danger social, l'instruction est le droit, de tout citoyen, l'enseignement est le devoir de l'État, donc l'instruction primaire doit être obligatoire, et cette obligation doit être sanctionnée par une loi.

Cette loi existe en Prusse depuis 1794, elle existe dans presque toute la Suisse, elle existe en Allemagne et partout elle produit les meilleurs résultats ; elle a pour elle une expérience déjà longue, et très-suffisante ; qu'avons nous à craindre ?

Beaucoup, nous dit-on ; rendre l'instruction primaire obligatoire, c'est 1° violer la liberté individuelle; 2° Attenter à l'autorité paternelle ; 3° S'engager d'avance à rendre l'instruction gratuite ; 4° Se résoudre à engager avec les populations une lutte administrative qui pourrait bien ne pas se terminer à l'avantage de la loi. Examinons chacun de ces griefs.

En établissant l'obligation.

1° Vous violez la liberté individuelle.

C'est vrai, mais vous en faites autant quand vous arrêtez un malfaiteur, quand vous vous defendez contre un assassin et que vous le tuez,

c'est-à-dire que vous pouvez violer la liberté
d'un individu qui attente à la vôtre, ou à celle de
la société. La liberté individuelle est respec-
table sans doute, mais elle a ses limites, si elle
les dépasse, si elle s'attaque à la morale sociale,
elle perd son droit d'action, rien de plus logique,
rien de plus évident. Eh bien, la liberté d'être
ignorant, est une liberté immorale et dangereuse,
la loi doit y pourvoir.

2° *Vous attentez à l'autorité paternelle.*

Entendez-vous par là que l'autorité paternelle
puisse s'étendre jusqu'à violer les droits les
plus sacrés de l'enfant, et que la loi a tort de
l'empêcher ? Non sans doute, comme la liberté
individuelle, l'autorité du père toute respecta-
ble qu'elle est, a pour limite la morale sociale
formulée par la loi. Entendez-vous que le père
devrait conserver le droit d'instruire son enfant
comme il lui plaît, et de l'envoyer à telle école
qu'il voudra? Ce droit n'est peut-être qu'un
caprice, et ce caprice couvre peut-être un esprit
de parti déplorable, mais qu'importe, nous
voici prêt à respecter ces délicatesses et ces
répugnances. Que le père instruise lui-même son
fils, qu'il le fasse instruire par qui il voudra,
la loi de l'obligation ne sera pas un règlement
de caserne, elle ne sortira point de son esprit,
elle ne verra que le but à atteindre. Et quel est

ce but? D'exterminer l'ignorance, le reste est relativement peu de chose. Nous resterons libres d'instruire à notre guise, nous aurons tout simplement perdu la liberté de ne pas instruire. Ce sera tout profit.—Ceci posé, et puisque la concession est faite, vous me permettrez de rechercher la cause de ces répugnances, et de motiver le mot sévère qu'elles m'ont arraché. Répugnances respectables, me dit-on, comment voulez-vous que moi, qui suis protestant, j'envoie mon fils de bon cœur à l'école primaire où il entendra l'instituteur enseigner la doctrine catholique et dire du mal d'une religion dans laquelle je l'élève, et qu'il doit respecter? Protestant, vous avez raison.—Mais je sais des catholiques qui m'ont tenu ce langage: Comprenez-vous ce régime affreux de la Prusse où, sous prétexte de rendre l'instruction obligatoire, on force les enfants catholiques d'assister à l'école luthérienne! Catholique, répondais-je, vous avez raison. — Et moi, monsieur, moi qui suis légitimiste, car je m'en fais honneur, pensez-vous que j'enverrai mon fils à l'école primaire où on lui enseignera la Démocratie? (*historique.*)

Comment accorderons-nous tout cela avec l'obligation, le jour où nous voudrons rendre l'école primaire obligatoire? La réponse est aisée,

en la débarrassant de tout ce qui pourrait ressembler à un enseignement de secte ou de parti ;
en attendant, il ne faut pas perdre de vue qu'elle
doit rester ouverte à tous, accessible à tous ; or,
elle se fermerait au protestant si elle devenait
catholique, elle se fermerait au catholique en se
faisant protestante. L'école doit respecter toutes
les opinions, tous les systèmes qui ne s'attaquent
pas à la morale ou à la loi ; et elle ne les respec-
tera qu'à condition de n'en accepter aucun.

3° · Proclamer l'instruction obligatoire, c'est
nous engager d'avance à la rendre gratuite —
J'en conviens. — Mais vous nous entraînez à
l'établissement d'un nouvel impôt ; le budget
vous semble-t-il trop faible, et n'avons-nous pas
déjà assez de charges ? — Nous l'examinerons
tout à l'heure. Passons au quatrième grief ;

4° Déclarer l'instruction obligatoire, c'est se
résoudre à mettre l'administration aux prises
avec l'apathie ou le mauvais vouloir des populations, c'est exposer la loi à un échec d'autant
plus grave qu'on pourrait l'éviter.

L'obligation, répète-t-on, depuis plus de trente
ans dans les hautes régions est impossible et
dangereuse. Impossible ! voyez la Prusse, voyez
l'Allemagne, voyez la Suisse. Impossible ! non,
et si les lois doivent être, comme on dit, l'expression codifiée des mœurs, j'ose croire que

les besoins actuels autorisent et nécessitent l'obligation. Vous soutenez qu'une loi qui déclarerait l'instruction obligatoire rencontrerait dans l'exécution des obstacles insurmontables? Mais, expliquez-moi donc la persistance que ce problème, prétendu insoluble, met à se poser périodiquement depuis plus de cinquante ans; qu'on m'explique ces vœux multipliés partis de tous les points de la France, par les Conseils généraux. 28 fois en 20 ans, depuis 1834, ce vœu a été émis et dans les départements où l'instruction est le plus florissante et où par conséquent on en sait mieux le prix ; qu'on m'explique cet accord remarquable qui parut cette année dans les adresses des candidats de toute nuance à la députation. Voilà des faits qui traduisent sûrement l'esprit et la tendance de ces populations qu'on nous représente comme hostiles à l'obligation, et s'il m'était permis d'y ajouter mon expérience personnelle, je dirais qu'après avoir interrogé souvent les basses classes de la campagne et de la ville sur ce point, je n'en ai jamais tiré d'autre réponse que celle-ci : « nous ne voyons dans le principe de l'obligation qu'une sollicitude qui nous touche.»

On voit bien que nous ne préconisons pas ici une utopie, nous nous bornons à proposer que

l'esprit de notre législation soit simplement satisfait, que la gratuité offerte aux pauvres soit
généralisée, et qu'il ne soit pas permis aux
parents de négliger ce bénéfice qui intéresse au
dernier point la morale sociale. Il n'est pas
question d'innover, mais de rendre efficaces et
pleinement efficaces des mesures auxquelles
nous applaudissons et dont nous attendons avec
impatience les excellents résultats.

Mais n'y a-t-il pas là un danger? Oui, un immense danger, l'émancipation du peuple, émancipation politique, émancipation religieuse.
M. le comte Beugnot s'en doutait quand il écrivait dans son rapport du 6 octobre 1849 :
« ce n'est pas de la lenteur des progrès de
l'instruction primaire dont on se plaint aujour-
d'hui. »

Mais nous ne sommes pas de ceux qui pensent
que la vile multitude en saura toujours assez
pour obéir, nous dirions plus volontiers qu'elle
en saura toujours trop. Nous ne pensons pas
que l'instruction popularisée soit un obstacle
au gouvernement, la voie ouverte à la licence,
à l'anarchie, aux révolutions ; nous professons
au contraire que cette instruction est et sera le
rempart le plus assuré de l'ordre, du calme et
du progrès, le gage le plus assuré du patriotisme.

2

Et disons-le, puisque telle est notre pensée, le parti qui se croirait forcé, sous prétexte de logique ou de prudence, d'empêcher ou de retarder cette diffusion des lumières, ce parti serait jugé et condamné, il aurait commis une sottise ou un crime.

§ VI.

L'instruction doit-elle être gratuite ?

Nous demandons qu'on affecte un budget de 50 millions à l'Instruction primaire.

Cinquante millions ! voilà qui donnera la chair de poule aux économistes à petites vues. Expliquons-nous.

Le traitement des instituteurs est insuffisant; en 1857 « sur nos 36,450 instituteurs, les deux tiers ne touchaient pas au delà du chétif minimum (600 fr.), que leur garantit la loi (1). » Nous verrons tout à l'heure de quelle importance est ce traitement, et que son insuffisance expose à toutes sortes d'avanies et d'humiliations des fonctionnaires que l'on a tant intérêt à faire respecter. Or, nous comptons en France

______
(1) M. Jourdain, p. 188. *Budget de l'Instruction publique.*

36,000 instituteurs et 14,000 institutrices, les 50,000,000 leur assureront le revenu modeste de 1,000 fr. par an. Est-ce trop ? Est-ce assez !

Les statistiques établissent que les sommes dépensées annuellement pour l'instruction primaire, se répartissent ainsi :

15,787,000 fr. payés par les familles.
11,600,000   id.   communes.
5,400,000   id.   départements.
5,387,000   id.   ministère.

Total. . 38,174,000 fr.

Nos 50 millions se réduisent donc à grossir le budget de 12 millions. Allons plus loin : en supposant que les 50 millions pussent être calculés comme une addition effective, savez-vous ce qui en résulterait sur la totalité de notre budget, une augmentation de deux centimes et demi par franc. La gratuité de l'Instruction primaire serait assurée à jamais, car, on pourrait dépenser pour elle 88 millions.

Mais nous sommes plus modestes, nous croyons que 12 millions seuls suffiront, à la condition, il est vrai, que l'État percevra lui-même les sommes payées par les familles, les communes, les départements et qu'il y joindra les 5 millions que le Ministère alloue ordinairement à l'Instruction primaire, chaque année. — Si nous supposons

la nécessité de l'établissement d'un impôt nouveau pour les douze millions, en ne le faisant
peser que sur la richesse foncière, nous trouvons
qu'il né s'élèvera pas à plus de 3 centimes par
franc, que le contribuable qui payait directement
50 fr., paiera à l'avenir 50 fr. 90. En vérité,
c'est bien peu pour une nation qui a un milliard
et demi d'impôts, surtout si l'on songe aux résultats immenses qui en proviendront.

Cet impôt nouveau réparti proportionnelle-
ment, n'écraserait personne, le pauvre en serait
affranchi, les familles nombreuses y trouveraient
leur profit et aucun ne s'en plaindrait, ni les riches, ni les célibataires.

Il ne compliquerait en rien les rouages admi-
nistratifs. Au contraire, on percevait par le passé
33 millions de trois façons différentes, ces 50 millions ne se percevraient plus désormais que
d'une seule manière.

Ce serait pour les percepteurs une économie
de temps et de registres.

C'est à la hâte, du reste, que nous alignons ces
chiffres.

Nous sommes convaincus que la question
d'argent ici ne sera jamais la vraie question,
la France est assez généreuse pour ne pas
compter avec les sentiments et les idées.

Or, la gratuité est nécessaire du moment

où l'obligation devient légale. Le père de famille pauvre et dont le travail obstiné suffit à
grand'peine aux besoins de ses enfants, a trop
besoin de leur aide pour avoir souci de leur
éducation. Dans une maison nécessiteuse, un
enfant qu'on envoie à l'école est une bouche de
plus à nourrir ; qu'on le mette à la manufacture
voisine, qu'on l'emploie à ramasser du bois, à
glaner dans les champs après la moisson, à gar-
der le bétail, au moins gagnera-t-il son pain journalier et rapportera-t-il à sa mère quelques lé-
gers profits dont on sentira vivement le bienfait.
Sans doute il ira à l'école quand la besogne
manquera, dans le fond de l'hiver, mais l'été
venu, il reprendra la campagne et ira oublier
le peu qu'il avait appris. L'instituteur remon-
trera-t-il au père que le manque d'assiduité rend
tout progrès impossible, que l'enfant perd sans
fruit les années destinées à apprendre ? Celui-ci
lui prouvera par un calcul aisé à suivre et difficile à réfuter : que si l'enfant a besoin du père,
le père a aussi besoin de son enfant. Il ajoutera
même des réflexions du genre de celles-ci : « Je
ne suis jamais allé à l'école et je n'en suis pas
mort ; je ne sais ni lire, ni écrire, et me voilà !
Mon fils fera comme moi, je ne peux pas l'élever sur des roses. » Direz-vous au père que
l'Etat a droit sur son fils, qu'il faut en faire un

citoyen ?... Le paysan vous rira au nez en disant :
« Que l'État l'élève ! »

Cette réponse peut couvrir une honteuse spéculation, une faiblesse coupable, un décourage-
ment blâmable ; mais, dans quelques cas, n'est-
elle pas inspirée par un besoin réel ? Et que
pourra-t-on dire à cet homme misérable pour
lui justifier la dureté de ce qu'il appellera
l'injustice de la loi ? Je ne pense pas que pour
aplanir cet obstacle il soit nécessaire, comme
on l'a fait, de se jeter dans un système inex-
tricable de réformes, d'en appeler au boulever-
sement radical de l'état présent jusqu'à mettre
en question la propriété et le partage des biens.
Je crois que ces cas de misère extrême sont
excessivement rares, je suis d'avis qu'on les
constate et qu'on y remédie ; la tâche n'est
certes pas impossible, et, fût-elle plus difficile
encore, nous n'hésiterions pas à demander de
doubler l'impôt, s'il le faut, mais d'assurer la
gratuité de l'instruction primaire.

C'est ici le lieu de nommer l'homme qui a le
plus fait en France pour l'instruction populaire,
et d'adresser aux députés de 1864 les paroles
mémorables que Michel Lepelletier adressait à
ses collègues de la Convention :

« Quiconque peut se passer du travail de son
enfant pour le nourrir, a la facilité de le tenir

aux écoles tous les jours, et plusieurs heures chaque jour. Mais, quant à la classe indigente, comment sera-t-elle? Cet enfant pauvre, vous lui offrez bien de l'instruction, mais avant il faut lui donner du pain. Son père, laborieux, s'en prive d'un morceau pour lui ; il faut que l'enfant gagne l'autre. Son temps est enchaîné au travail, car au travail est enchaînée sa subsistance. Après avoir passé aux champs une journée pénible, voulez-vous que pour repos il s'en aille à l'école, éloignée peut-être d'une demi-lieue de son domicile ? »

« Vainement vous établiriez une loi coercitive contre le père, celui-ci ne saurait se passer journellement du travail d'un enfant qui à huit, neuf et dix ans gagne déjà quelque chose. Un petit nombre d'heures par semaine, voilà tout ce qu'il peut sacrifier. Ainsi, l'établissement des écoles telle qu'on la propose (25,000 dans toute la France) ne sera, à proprement parler, bien profitable qu'au petit nombre de citoyens, indépendants dans leur existence, hors de l'atteinte du besoin. »

« Osons faire une loi qui aplanisse tous les obstacles, qui rende faciles les plans les plus parfaits d'éducation, qui appelle et réalise toutes les belles institutions, une loi qui sera faite avant dix ans, si nous nous privons de l'honneur de l'avoir portée, une loi toute en faveur du pauvre, puisqu'elle reporte sur lui le superflu de l'opulence, que le riche lui-même doit approuver, s'il réfléchit, qu'il doit aimer, s'il est sensible. »

« Cette loi consiste à fonder une éducation vraiment nationale,.... également et efficacement commune à tous, la seule capable de régénérer l'espèce humaine, soit pour les dons physiques, soit pour le caractère moral, en un mot cette loi est l'établissement de l'Institution publique. »

Là n'est pas aujourd'hui, du reste, la plus grosse difficulté ; ce qu'il importe avant tout, c'est d'achever l'œuvre commencée, et puisque la loi est de donner l'instruction gratuite à tous les enfants dont les parents sont trop pauvres, il faut lui obéir. Or savez-vous dans nos communes quels sont les enfants qui profitent de la gratuité? En général, ce ne sont pas ceux qui en ont le plus besoin.

Je ne veux pas mettre ici en doute l'honorabilité de nos maires. Je suis persuadé qu'ils font pour le mieux et qu'ils répartissent avec conscience la gratuité sur les enfants les plus pauvres de leurs communes. Mais combien de fois ne sont-ils pas circonvenus? Ils sont hommes, et choisis ordinairement parmi les plus riches propriétaires d'une paroisse, ils n'en connaissent pas toujours toutes les misères, ou bien ils se laissent tromper par ceux qui les approchent.

Je sais telle commune où un petit propriétaire payant 25 fr. de contributions directes, envoie l'un de ses fils à l'école pour rien, tandis que son voisin qui n'a que ses dix doigts pour nourrir six enfants, peut à grand'peine y obtenir l'admission d'un seul. Son amour paternel en souffre, il essaie de payer pour un second les 150 centimes de rétribution mensuelle qu'on lui demande, puis lorsque vient l'hiver, que l'ouvrage manque, il ne peut continuer, et savez-vous l'expédient que son désespoir lui a suggéré. — « Apprends, dit-il, à son fils ainé, apprends vite, car l'année prochaine ton frère te remplacera et tu cesseras d'aller à l'école. Vous êtes tous mes enfants et je vous dois autant à l'un qu'à l'autre. » C'est ainsi qu'on raisonne dans nos campagnes. Or, je vous le demande, que peut apprendre de la sorte un enfant de cinq à six ans, et après cette année d'école peut-on espérer qu'il saura jamais seulement lire et écrire ? Dans la séance du 5 novembre dernier, l'Empereur constatait que six cent mille enfants restaient encore aujourd'hui complétement privés d'instruction et il faut y joindre tous les enfants qui ne reçoivent l'instruction que d'une manière imparfaite, comme celui dont je viens de citer l'exemple. Sa voix libérale vous demandait, MM. les députés de 1864, d'unir vos efforts aux siens pour anéantir ce mal. S'il nous est permis d'exprimer notre pensée, il n'y a qu'un seul moyen d'atteindre ce résultat, que l'Etat se charge lui-même de rétribuer les instituteurs et que l'instruction soit gratuite et forcée pour tout le monde. Sans doute, l'excès de centralisation est nuisible, je n'en disconviens pas, mais, ici, la centralisation est commandée par la force même des choses. Réfléchissez et vous serez de notre avis.

Maintenant disons quelques mots de la condition actuelle des instituteurs.

§ VII

L'Instituteur et le Curé.

Jusqu'ici les efforts généreux de nos instituteurs communaux sont venus misérablement échouer devant des difficultés qu'ils n'avaient pas créées et que leur dévouement a été impuissant à vaincre. Mal logés, mal rétribués,

soumis à la censure malveillante de l'autorité
ecclésiastique, à la vigilance souvent maladroite
de l'autorité civile, ballotés entre le curé et
le maire, presque toujours victimes ou bien des
prétentions de l'un, ou bien des soupçons de
l'autre, ou bien des querelles de l'un et de
l'autre ; épuisant leur bonne volonté dans ces
luttes et ces tracas ; laissant parfois leur dignité aux ronces de la misère ; désespérant
enfin d'obtenir de leur enseignement si pénible des résultats sérieux chez des enfants
inassidus ; manquant de tout, même de cette
consolation qui soutient dans une œuvre difficile, l'espoir d'atteindre le but, que peut-on
raisonnablement leur demander qu'ils ne nous
aient largement donné dans la mesure de cette
situation impossible ?

On est entré dans la voie des améliorations ; leur traitement s'est élevé, on a songé à
leur fournir un ameublement, la construction
des maisons d'école fait chaque jour des progrès ; on a beaucoup fait sans doute ; il reste
plus encore à faire.

600 francs suffisent-ils pour assurer contre la
misère la famille de l'instituteur, et je demande si la dignité de l'État n'a pas à souffrir dans la personne de ces fonctionnaires si
dévoués, si utiles, de cette mesquine parcimo-

nie? Ce ne sont pas là des récriminations, nous ne voulons accuser personne, et nous sommes convaincus, en présentant ces réflexions, de répondre à la pensée de notre ministre. Est-il juste, est-il décent que celui qui dispense l'enseignement national et représente les intérêts les plus élevés du peuple, se trouve condamné à une condition si dure? Songez qu'il y perd le prestige et la considération qui doivent assurer le succès de la mission que vous lui confiez.

Ce n'est pas assez de sauvegarder, par un traitement convenable, l'indépendance et la dignité de l'instituteur, il faut encore le protéger contre les influences ennemies qui l'épient et l'oppriment.

Car enfin il faut qu'on le sache, et surtout qu'on ne l'oublie pas, l'instituteur, ce représentant de la science laïque, cet éducateur civil, ce symbole vivant de l'émancipation populaire, n'a pas d'adversaire plus naturel que le curé. N'est-il pas la sentinelle avancée de la démocratie, le pionnier du progrès, la pierre angulaire de l'immortel édifice de 1789? Quel accord pourrez-vous jamais établir ou rêver entre l'homme du passé, collecteur de dîmes, exempt d'impôts, monopolisant l'enseignement à son profit, cumulant les bénéfices, et l'homme de l'avenir, dont la devise est *Egalité, Liberté*, et le programme *Raison, Lumières* ?

Nous ne nous diminuons pas les difficultés qui s'opposent à l'indépendance de l'école primaire et à son établissement solide sur le terrain de l'enseignement laïque. Nous touchons, en soulevant ces questions, à tout un ordre de choses vaste et bien organisé, qui a pour lui l'autorité du temps, la force de la durée, le prestige du sacerdoce. Nous connaissons trop le clergé pour ignorer qu'il défendra pied à pied son influence compromise par les mesures que nous voudrions provoquer ; nous savons, par expérience, qu'il est fort chatouilleux sur toutes les questions d'enseignement ; qu'il s'indigne tout bas de n'être pas le seul maître de l'enseignement secondaire ; que s'il a demandé et obtenu la liberté d'enseigner, c'était pour tâcher d'en reconquérir le monopole ; nous savons encore qu'il a, dans la lutte, avili et frappé à mort l'Université, trahie du reste par ceux qui auraient dû la défendre, et réduite à ce point qu'il lui a fallu vivre de transactions et d'hypocrisie ; nous savons enfin que le clergé a tenté de s'assimiler l'enseignement primaire par la multiplication des frères *Ignorantins* ; que sur tous les points de la France il s'ingénie activement à remplacer l'instituteur laïque par ces Ignorantins, l'institutrice par des religieuses qu'on dispense, pour la plupart, de brevets de capacité ; si l'on n'y prend garde, nous aurons bientôt dans l'école une succursale de la sacristie, et l'enseignement primaire échappera à l'État, qui a et doit en conserver la direction. Nous ne nous dissimulons rien du nombre et de la gravité des obstacles ; ils disparaîtront tôt ou tard, nous en sommes convaincus, et il faut ici, comme en toute espèce de progrès, commencer par compter avec le temps et sur le temps.

Introduire le curé dans l'école primaire, c'est mettre le loup dans la bergerie, et pousser le défaut de logique jusqu'à l'absurde ; c'est admettre que l'exclusivisme du croyant comprendra et souffrira cet enseignement civil, qui ne peut et ne doit tenir compte d'aucune religion ; c'est reconnaître une religion d'Etat, chose inique et dangereuse, qui pousse à toutes les contradictions.

Après avoir, par un traitement convenable quoique modeste, émancipé socialement l'instituteur, vous l'affranchirez de la tutelle morale du curé, vous le ferez au moins son égal puisque vous vous maintenez dans la nécessité fâcheuse de les placer sur le même terrain en les faisant tous deux fonctionnaires. Sans cela l'enseignement laïque n'existera jamais que d'une façon précaire et sera toujours à la merci de ses adversaires.

Cette intervention du curé dans l'école, établie en fait de la manière la plus flagrante, et consacrée par la composition des comités cantonaux, suppose dans l'enseignement laïque un élément étranger et nuisible. Dira-t-on que la présence du doyen parmi les délégués cantónaux, n'indique que le droit de surveillance sur la moralité de l'enseignement primaire ? Pourquoi confier ce droit à un prêtre catholique ? Le protestantisme est-il moins moral ? Et, si vous en convenez, il ne vous reste plus qu'à proscrire les cultes dissidents. Vous n'irez pas jusque-là. Rebroussez donc chemin et sortez de cette voie, car elle n'a qu'une issue, l intolérance. Excluez des comités cantonaux le ministre catholique qui n'a pas plus que le premier citoyen venu, à égalité de lumières, le droit d'apprécier l'enseignement laïque, et dont le caractère particulier est incompatible avec l'esprit large et général de cet enseignement.

N'alléguez pas que le ministre catholique représente ici l'intérêt du plus grand nombre, sinon de tous, et que l'État, dans la satisfaction des intérêts, doit s'adresser de préférence à ceux de la majorité. Majorité ! majorité ! je n'entends plus autre chose ; ne dirait-on pas que c'est là un argument, et que ce mot répond à tout? La majorité, qui pense autrement que moi, m'enlève-t-elle mon droit de penser à ma manière? De droit, en cette matière, je n'en reconnais qu'un, la liberté de conscience. L'État n'a pas de nécessité plus sacrée que la sauvegarde de cette liberté des âmes, et comme il y attenterait, au moins indirectement, en distinguant ou patronant telle religion, l'État se défendra rigoureusement contre l'envahissement de tout dogme particulier étranger à la morale sociale, l'État évitera soigneusement de se faire représenter par des citoyens qui n'apportent d'autre titre à son choix que le caractère spécial qui les enchaîne forcément à tel système de pratiques et de doctrine. L'instituteur et le curé resteront chacun chez eux en attendant que l'État renonce à faire du prêtre un fonctionnaire, le catéchisme s'étudiera dans les familles et se récitera à l'église.

L'enseignement du catéchisme dans les écoles primaires est un abus. Le soin d'instruire les enfants dans telle ou telle religion, appartient exclusivement à la famille et aux ministres de cette religion. L'État ne peut protéger la liberté religieuse du protestant, du juif, du catholique et du mahométan, qu'à la condition expresse de n'accepter pour lui aucun de leurs systèmes. Recon-

naître une religion, est se déclarer intolérant,
en reconnaître plusieurs, c'est ajouter à l'intolérance la contradiction, et de plus exclure toute
manière de penser qui ne rentre pas dans les
cadres acceptés, c'est donc mettre en question la
liberté de conscience. La loi n'est pas athée,
comme on le répète faussement, car la loi est
fondée sur une idée morale, et toute idée morale
implique Dieu, mais la loi ne consacre aucune
croyance à l'exclusion des autres : la loi n'a pas
d'affaires de conscience à décider : toute croyance
est pour elle acceptable, pourvu qu'elle ne s'attaque pas à la morale sociale : c'est pour elle un
devoir de protéger ceux qui la professent, et ce
devoir supprime ce prétendu droit des Religions
d'État. L'État qui n'a pas le droit d'enseigner
tel ou tel dogme particulier à telle religion, ne
peut pas transmettre ce droit à ses fonctionnaires.
L'instituteur, fonctionnaire public, enseignant le
catéchisme, c'est un contre-sens.

Il n'enseignera pas, nous dit-on, il se bornera
à faire réciter le catéchisme. — Il faudrait savoir d'abord si le catéchisme n'entre pas dans
le programme de l'école primaire au détriment
de beaucoup d'autres exercices auxquels on ne se
livre pas faute de temps ; ensuite si cette récita-
tion ne dépassera jamais les limites d'une récita-
tion ; si elle ne crée pas au curé un prétexte pour

s'introduire dans l'école ; si enfin elle n'établit pas entre lui et l'instituteur des relations dont la dignité et l'indépendance de ce dernier auront toujours à souffrir.

— Mais il faut au peuple une instruction morale et que cette morale lui soit enseignée partout, de bonne heure, à l'école, à l'église et cela sous la surveillance du prêtre. Car c'est au prêtre qu'il appartient d'enseigner la morale. — Et que pourra-t-il dire, en fait de morale, à vos enfants, que l'instituteur n'ait droit et qualité pour dire ? La charité, la justice, la sincérité, le respect de soi-même et celui d'autrui, tout cela est-il banni de l'enseignement laïque et devenu le monopole du clergé ? Et ces choses une fois enseignées, que pourra enseigner le prêtre qui ne rentre dans son dogme particulier et ne sorte du champ de la grande morale humaine ? L'Instituteur enseignera donc la *Morale humaine*, la plus vraie, la plus générale et la plus vaste : chacun greffera là dessus tel système religieux qu'il lui plaira.

En tant que ministre d'un culte, le curé n'a donc aucun contrôle à exercer sur l'enseignement primaire. Faut-il ajouter que ces principes si évidents et si simples sont méconnus au point que le malheureux instituteur est rendu responsable des défaillances de mémoire des enfants au catéchisme : qu'on l'oblige à les conduire à l'office, à les y surveiller, quand on ne lui impose pas les fonctions ridicules de chantre ou de bedeau ! J'en ai connu qui sonnaient les cloches ; d'autres qui étaient fossoyeurs ; heureux ceux qui possèdent un ophicléide ! Que ces faits sortent de la règle générale, ils n'en existent pas moins comme une preuve incontestable des servitudes avilissantes contre lesquelles l'instituteur doit lutter chaque jour... avec la perspective de s'entendre dire à la fin par quelque inspecteur prudent : « Vous avez manqué de tact et de savoirfaire ; que diable ! il faut être un peu conciliant ; ne vous attendez pas que je me compromette pour vous soutenir contre M. le Curé. » Et l'instituteur s'en ira découragé, convaincu qu'il a fait fausse route et qu'il devait obéissance au curé, s'il ne se retire pas l'amertume au cœur et réfléchissant qu'il n'est pas toujours possible de prendre conseil de la dignité la plus vulgaire dans le dur métier qu'il exerce. Dans le premier cas vous en aurez fait un instrument passif des volontés du prêtre, dans le second vous aurez froissé son âme et tari en lui, pour jamais peut-être, la source du dévouement.

§ VIII

Réformes dans l'enseignement primaire.

Il faut maintenant s'entendre sur la question de l'Histoire sainte.

Cet enseignement est caractéristique ; c'est comme un thermomètre qui marque par ses variations le dégré de l'influence cléricale, dans une contrée ou dans une école. Mais prétend-on faire de l'Histoire sainte un enseignement qui serve de prologue ou de commentaire au catéchisme ? Laissons cet enseignement au curé ; cette tâche, nous venons de le voir, est incompatible avec celle de l'instituteur. Veut-on en l'enseignant faire remonter ces jeunes esprits aux sources mêmes du Christianisme, qui est le fait capital de l'histoire ? — C'est autre chose, mais songez, de grâce, à quelles difficultés vous vous attaquez ; vous touchez à un livre qui a fait le désespoir de la critique catholique ; oserez-vous présenter cet amas de fables, de fictions, de traditions altérées comme l'expression rigoureuse des événements et la source historique la plus irrécusable ? Sous quelles couleurs déguiserez-vous dans ces récits, où

rien ne peut demeurer injustifié, les vols, les
adultères, les cruautés, les mensonges, les as-
sassinats, les obscénités ? Comment ferez-vous
décemment à vos élèves la biographie exacte
de saint Samson, celle de saint David, celles
de saint Jacob, de saint Abraham et surtout
de saint Loth.

Vous voici donc placé entre deux embarras
à peu près également insurmontables : Accep-
tez-vous le texte du livre ? Vous ne faites plus
de l'histoire, mais de la mythologie ; vous
vous condamnez ou bien à la nécessité honteuse
de taire certains détails du livre, ou bien à la
tâche ridicule de les travestir pour les rendre
présentables. Et si vous n'acceptez le texte que
sous caution vous vous engagez dans une série
d'hypothèses qui se concilient mal avec le ton
dogmatique de l'enseignement. Je crois qu'il
est impossible de faire un bon cours de morale
sur un abrégé exact des traditions juives, je
doute qu'on puisse jamais réduire en histoire
la partie mythologique de ces traditions ; je
conclus qu'il faut reporter cette histoire dans
l'histoire générale de l'antiquité.

J'insiste sur cet abus qui n'est point particulier aux écoles primaires ; j'ai vu perdre
de sorte un temps considérable et précieux
dans nos lycées. Aussi interrogez un enfant

de quatorze ans au sortir de l'école primaire, il vous racontera, dans les plus minutieux détails, l'histoire des champignons du désert, cette manne tombée du Ciel ; que Moïse a mis la mer à sec, que Josué a suspendu le cours du Jourdain, arrêté le soleil et démoli Jéricho par un bruit formidable de trompettes ; il vous comptera les branches du chandelier, vous donnera la dimension de l'autel des holocaustes, la description de l'Arche ; il vous dira peut-être les amours de Samson et de Dalila, d'Absalon, de Jacob, de David, etc , toutes choses inutiles, et dont le moindre inconvénient est peut-être l'inutilité. Mais demandez-lui, à cet enfant, l'histoire de ses ancêtres, le récit de leur abjection, de leurs souffrances, de leurs luttes, comment ils ont conquis pour eux et leur postérité le droit et la dignité d'hommes, il n'en saura rien peut-être, et vous répondra par des titres, quelques dates, des faits sans suite. Pauvre enfant, tu sais beaucoup de choses qui ne t'importent pas, tu ignores celles qui te touchent ; ce que renferme de promesses, ce que comporte de droits et de devoirs ce mot de *peuple*, tu l'ignores absolument ; tu ne sais ni d'où tu viens, ni où tu vas, ni qui tu es ; on t'a caché l'histoire de tes pères.

Je demande qu'on reporte sur l'histoire de

France le temps qu'on perd à l'étude de l'histoire juive. Je m'explique sur ce que j'entends ici par histoire de France : Ce n'est pas une aride chronologie, un indigeste ramas d'événements fait sans choix, sans vues générales, sans but arrêté ; je crois qu'il importe moins de savoir en quelle année ceci a été fait que de savoir comment et pourquoi ce fut fait ; je veux qu'on mette enfin un cœur et une âme dans ces petits livres destinés à nos enfants, qu'on y sente le souffle ardent du patriotisme, et que les jeunes esprits se forment et se développent sous cette salutaire influence.

La chronologie, c'est-à-dire l'étude des dates a son utilité et son importance, mais tout à fait secondaires. Puisqu'il faut livrer la mémoire à une sorte de gymnastique, je ne vois aucun inconvénient à exercer la mémoire des enfants sur des tables chronologiques. Cette gymnastique intellectuelle n'a rien de commun avec l'histoire, telle que je la comprends dans l'enseignement primaire ; cette histoire ne ressemblera pas à la science vaste et difficile qui discute les monuments, critique les témoignages, étudie les idiomes, embrasse l'archéologie, la littérature, la politique et la philosophie ; notre histoire, modeste dans ses allures, simple, claire, précise, parlera souvent au cœur pour mieux s'établir dans l'esprit, elle essaiera de rendre les opprimés intéressants, les malheureux pitoyables, les méchants odieux, et telle, sans amertume, sans allusions, mais aussi sans détours, sans faiblesse.

L'enfant n'a pas l'intelligence assez mûre pour suivre l'enchaînement des faits, en saisir les rapports, les effets et les causes et s'élever à l'idée générale de la Providence qui doit dominer toute étude historique ; par lui l'histoire doit donc être avant tout un cours de *Morale en action* ; il existe sous ce titre un livre qui a passionné et enchanté mon enfance, ce livre est excellent, le nôtre sera meilleur, car il réunira des avantages incontestables d'unité dans le récit, d'utilité dans le résultat, d'intérêt dans l'étude ; la raison, c'est que ce ne sera pas seulement un cours de morale, mais d'histoire et d'histoire de France.

On ne peut trop graduer l'enseignement au début pour l'accommoder au développement de l'esprit chez les enfants ; ce principe doit recevoir son application dans l'importante question qui nous préoccupe ; l'étude de l'histoire de France sera graduée. Le cours élémentaire est celui que nous avons surtout en vue dans le petit livre que nous caractérisions par le titre de *Morale en action* ; le cours élémentaire divisé en autant de parties que l'intervalle à étudier comprendra de siècles, sera composé de récits enfantins, d'une grande simplicité, roulant sur les principaux événements de chaque période; l'importance des événements se calculera moins sur leurs résultats extérieurs et matériels que sur leur signification morale et leur portée profonde. Ce sera à la fois un livre de lecture et de leçon.

Le cours supérieur ne sortira pas des limites modestes de l'enseignement primaire; on le mettra aux mains des élèves de 10 à 14 ans; son texte offrira assez de développement pour faciliter les explications orales du maître et rendre possibles les résumés écrits ou faits de vive voix des élèves, la division en règnes à peu près insignifiante et qui fatigue inutilement la mémoire sera supprimée et remplacée par une autre moins fractionnée portant sur des groupes d'événements caractérisés par un élément commun. On distinguera les grandes périodes par des titres tels que ceux-ci : l'*Episcopat*, la *Féodalité*, la *Commune*, la *Monarchie*, la *Révolution*.. Le programme et le but de l'ouvrage tiendront dans le titre : *Histoire du peuple français*. Ce sera donc avant tout l'histoire du peuple, de sa misère, de ses efforts, de son triomphe; l'exposé de ses droits et de ses devoirs ; l'explication du présent, l'intelligence de l'avenir par le récit du passé ; tout pivotera autour de cette idée, les hommes et les choses.

Dieu me garde de songer à faire descendre dans ces âmes naïves un sentiment qui pourrait ressembler à la jalousie ou à la haine ; je n'irais pas leur montrer uniquement dans la cupidité et l'égoïsme des classes supérieures la source des maux de leurs ancêtres, je leur prouverais, avant tout, que ces ancêtres subissaient la loi funeste de l'ignorance et de la superstition ; que ces deux maladies sont plus à craindre que tout le reste : car c'est d'elles que viennent toutes les misères ; je leur enseignerais, à tout propos, la concorde, la tolérance, la charité, que la force n'est pas à celui qui a le plus de gens d'armes, mais à celui qui a le plus de probité et de raison. Après leur avoir montré leurs pères exténués, avilis pendant de longs siècles sous la verge de fer des seigneurs, des prêtres et des rois, je leur raconterais, en les déplorant, ces représailles terribles, la Jacquerie entre autres, et les fureurs malheureuses qui ont ensanglanté notre grande Révolution ; j'ajouterais que le moyen de prévenir ces désastres est dans l'instruction du peuple qui, devenu plus éclairé, sera plus fort, plus pacifique et plus sage. Je ne veux pas introduire dans ce livre des semences de division, mais je n'entends pas, non plus, en bannir l'histoire si grandiose et si nécessaire de 1789. On dira au peuple tout l'intérêt et l'amour qu'il inspire aux gens sérieux des classes émancipées, qu'il serait ingrat d'y répondre par l'indifférence ou l'envie. Téméraire ! me crie-t-on, c'est une bête féroce que vous démuselez. — Sachez-le bien, Messieurs, ce monstre n'est formidable que parce qu'il est sauvage ; intruisez-le, humanisez-le, et vous vous apercevrez qu'il a, tout comme vous, un cœur et une intelligence, des sentiments et des pensées. Vous accusez à tort les démagogues de faire les révolutions : vous vous y entendez mieux qu'eux.

Je me résume.

L'Enseignement primaire est la grande préoccupation du moment, on sent qu'il renferme la solution de toutes les questions de l'avenir, émancipation des classes laborieuses, moralisation du peuple, progrès universel, etc. Cet enseignement est une nécessité de premier ordre, sentie, acceptée par tout le monde ; nous demandons que l'Etat l'offre gratuitement aux citoyens et leur fasse une obligation sociale de le recevoir. Cet enseignement est donné par des fonctionnaires dont on paie mal les importants services, qu'on laisse dans la gêne et à

la merci d'influences déplorables; nous demandons qu'on élève le traitement de l'instituteur
si l'on a souci de la dignité et de l'indépendance qu'il doit porter dans ses fonctions.

Cet enseignement est altéré par la présence
d'éléments étrangers et nuisibles qui prétextent
ou motivent l'intervention ecclésiastique ; nous
demandons qu'on élimine ces parties dangereuses, que l'enseignement laïque ne soit plus
contrôlé par ceux qui ont le plus d'intérêt à
le détruire

Cet enseignement est incomplet ; nous proposons que les enfants puisent l'intelligence politique, le sens des grandes choses, l'amour du
pays et de la liberté dans l'histoire de France;
nous demandons un bon livre, simple, éloquent,
qu'on puisse introduire dans nos écoles et lire
dans nos campagnes.

Tout cela est-il assez modéré ? On nous taxera
pourtant d'exagération. D'ailleurs il y a contre
l'exécution de ces améliorations des obstacles
formidables et que nous n'espérons pas ren-
verser du premier coup. Il n'est pire sourd que
celui qui ne veut pas entendre ; malgré le soin
que nous avons mis à peser toutes les difficultés,
on ne tiendra aucun compte de nos réflexions,
contre la gratuité. Vous verrez qu'on alléguera
le chiffre déjà énorme de notre budget, quitte à

le trouver modeste le lendemain; contre l'obligation on alléguera, sans rire, la liberté individuelle, dont on a grand souci, la résistance de populations qu'on respecte outre mesure et qu'on ne voudrait violenter pour rien au monde; contre l'élévation des traitements on avancera des chiffres, qui exalteront les améliorations accomplies, les difficultés vaincues ; contre la séparation de l'église et de l'école ce sera un concert de pieuses voix qui s'indigneront que la société laïque ait un enseignement et surtout qu'elle pense en avoir le droit; contre l'histoire de France vous aurez l'avis de cet immense troupeau de Panurge pour qui *peuple* est synonyme de *canaille* et *progrès*, de *communisme*. A tout cela nous aurons répondu, nous n'aurons plus rien à dire : Il n'est pire sourd que celui qui ne veut pas entendre !

Je sais une autre catégorie de lecteurs : ceux-là liront, réfléchiront, approuveront peut-être. Mais personne se lèvera-t-il pour agir et exécuter ? Nous verrons bien.

§ IX.

Le peuple.

L'instruction, nous l'avons établi, est la première garantie de la liberté du vote, la première de la moralité du vote, l'instruction généralisée par l'obligation légale, la vraie garantie de l'universalité du vote. Voulez-vous donc un suffrage libre, éclairé et vraiment universel, faites de l'instruction un devoir social. C'est ainsi que vous pouvez espérer la paix et l'ordre ; vous réduisez de la sorte les partis extrêmes à l'impuissance ; vous faites de la majorité une autorité incontestable, et devant laquelle les plus mutins seront forcés de s'incliner ; vous vous créez, vous gouvernement, un contrôle sincère, un conseil suprème où vous ne subirez ni les récriminations mesquines, ni les suggestions intéressées, ni les provocations dangereuses. ce contrôle vous guidera sûrement dans les questions difficiles, ce conseil vous couvrira de sa responsabilité.

En attendant, ne nous reste-t-il rien à faire ? Et la popularisation de l'enseignement primaire doit-elle être en ce moment le but unique de

nos efforts et la condition absolue de toute amé-
lioration ultérieure? Non. L'instruction primaire n'est pas aussi généralisée qu'il le faudrait,
mais enfin elle est à la possession d'une grande
partie du peuple, et nous pouvons dès à présent
nous poser en vue de cette partie favorisée, une
question qui intéressera tôt ou tard tous les
enfants du peuple sans exception : l'instruction
primaire est-elle suffisante, et lorsque l'enfant
a fréquenté assidûment l'école de 7 à 12 ou
14 ans, quand il sait lire, écrire, calculer, l'État
et la famille sont-ils fondés à se dire : nous avons
fait tout ce qui était en nous et tout ce qu'il
fallait pour former d'honnêtes gens et de bons
citoyens ?

Les vêtements que nous portons doivent rem-
plir deux conditions essentielles, la décence et
la commodité. Un vêtement décent qui nous
laisserait exposés aux intempéries de l'air serait
un mauvais vêtement. L'instruction primaire,
toute précieuse qu'elle est, ne nous offre que
des résultats incomplets, auxquels nous ne pouvons définitivement nous arrêter, elle remplit la
condition de décence, condition rigoureuse,
mais qui ne satisfait pas à tout; elle apprend à
apprendre; elle appelle donc une nouvelle
série de résultats.

Sans doute, vous aurez beaucoup fait pour

assurer la dignité, l'indépendance, la probité de l'enfant pauvre auquel vous aurez offert l'instruction, vous l'avez mis à même d'étudier et de se perfectionner lui-même. Savoir écrire et calculer, c'est assurer son vote, s'ouvrir le commerce, savoir lire, c'est presque vouloir lire, c'est-à-dire apprendre, se moraliser, s'intéresser peut-être aux grandes questions qui se débattent. Je dis presque... peut-être... car il faut examiner maintenant les conditions dans lesquelles se trouve placé l'homme du peuple au sortir de l'école, jusqu'à quel point elles sont favorables ou contraires au développement de son instruction, et s'il n'y a rien à faire pour augmenter les chances favorables, diminuer ou atténuer les contraires. Le travail absorbe tous les instants du peuple et ne lui laisse guère de loisir que pour le sommeil. Pensez-vous que l'ouvrier, qui a passé sa journée à de durs travaux, rentrant le soir harassé, fatigué, se sente du goût pour écouter ou faire une lecture? Hors le dimanche, si vous lui supposez du loisir, vous le sortez de la condition commune et le placez dans l'exception. Et le dimanche d'ailleurs n'a-t-il pas souvent à entretenir les relations de son négoce? Ne faut-il pas qu'il coure ici ou là, voir l'un ou l'autre, qu'il se montre à l'église, qu'il aille au cabaret? Vous voyez bien que s'il trouve du temps pour lire, il n'aura pas manqué de prétextes ou de raisons pour s'en dispenser.

Enfin vous lui avez trouvé un bon livre et le moment pour s'en occuper. Il faut maintenant qu'il veuille s'en occuper... Mais c'est un garçon intelligent et curieux : le livre l'intéresse, l'y voilà plongé. Avez-vous compté les difficultés qu'il a fallu vaincre pour arriver là? Récapitulons ; difficultés pour le temps, difficultés pour le choix de l'ouvrage, difficultés de bon vouloir, difficultés de persévérance, difficultés partout. Il faut les supprimer.

Le temps manque presque toujours parce qu'on ne sait pas le dispenser, — on fixera le dimanche pour le temps consacré à l'étude. Les bons livres ne se trouvent pas partout.—En établissant des bibliothèques communales, on fera en sorte que personne ne manque de l'instruction qu'ils donnent ; la volonté fait défaut ou par paresse, ou par dégoût, ou par indifférence, — on stimulera les paresseux, on intéressera les indifférents, on tiendra en haleine les dégoûtés. Il n'y a qu'un moyen de réaliser tout cela, c'est de remplacer la lecture par l'enseignement.

On enseignera donc tous les dimanches, à l'école, à heure fixe, ce que les jeunes gens n'auraient eu ni le temps, ni la volonté de lire, on leur expliquera ce que le livre n'eût pas

éclairci peut être, on leur aplanira les difficultés qui naissent de l'ennui d'une lecture
solitaire ; la parole animée et bienveillante du
maître excitera leur attention, le spectacle d'une
assemblée recueillie et sympathique soutiendra
leur zèle et provoquera au besoin l'émulation.

Que faudra-t-il enseigner ? Pour répondre à
cette question, étudions l'homme du peuple,
tâchons de nous rendre un compte exact de sa
nature, de ses idées, de ses sentiments, de ses
tendances ; quand nous saurons ce qu'il est, ce
qu'il pense, ce qu'il veut, ce qu'il cherche, nous
dirons ce qui lui manque et ce qu'il faut lui
donner.

Il se considère généralement comme la vic-
time de toutes les nécessités sociales et se défi-
nirait volontiers : Le souffre-douleur des cu-
pidités et de l'égoïsme des classes supérieures.
Il se dit qu'on l'exploite, qu'on le trompe ; il est
égoïste, avare, défiant. En matière politique,
il ne connaît et ne comprend qu'un mot, la
paix, car la paix assure le commerce, développe
l'industrie, offre des débouchés à ses produits.
La paix ! C'est son dicton favori, son refrain.
Interrogez le paysan à la veille d'un vote, il
vous répondra ; nous ne voulons qu'une chose,
la paix ! dites-lui que la guerre est parfois une
nécessité, que les nations ont leur honneur à

défendre comme les individus, il vous écoutera, tombera d'accord de tout ce que vous voudrez, et concluera : C'est égal, j'aime mieux la paix !

Quelle idée vous faites-vous de la société, demandais-je un jour à un vieux paysan qui avait vu 1789 ? « C'est, me dit-il, un endroit où les plus forts mangent les plus faibles... » Cette idée, que je crois assez générale dans l'esprit du peuple, l'accoutume malheureusement à séparer ses intérêts de ceux des classes émancipées. Entend-il le bourgeois dire *oui*, son premier mouvement est de chercher s'il ne doit pas répondre *non*. Cette défiance égoïste obscurcit sa vue morale, et la borne aux objets les plus grossiers et les plus voisins. Il en résulte que pour lui, l'idée de la société étant fausse, l'idée de patrie est à peine ébauchée.

Toutefois rendons-lui la justice qu'il mérite, il comprend et estime l'honneur militaire ; il entrevoit vaguement la figure de ce grand être moral que nous nommons la France ; il soupçonne qu'il y a là un intérêt de dignité générale à défendre, il le défendra héroïquement, jusqu'à la dernière goutte de son sang. C'est noble et beau, c'est le commencement de toutes les grandes choses... Ce n'en est que le commencement. Et ce n'est pas ici à l'amour-propre national que nous donnons des éloges ; quoi

de plus simple et de plus vulgaire ? Ce qui
caractérise le peuple français, c'est la subli-
mité de l'élan pour la lutte, la fougue dans
le combat, la sympathie et le dévouement pour
les opprimés. Ce n'est pas de son humeur bel-
liqueuse que je lui sais gré, mais de cet instinct profond, élevé qui le pousse au secours
des infortunés et fait, de notre chère patrie, l'ar-
bitre du monde, et comme on l'a dit, le soldat
de Dieu ! On peut, on doit tout espérer d'un
tel peuple, il est né pour de grandes destinées.

L'œuvre est commencée, achevons-la ; son
éducation reste à faire. Oui, le peuple aime la
France, il l'aime sincèrement, ardemment ;
patrie pour lui, c'est plus qu'un mot, c'est un
sentiment, il faut que demain ce soit une
personne, un être palpable et vivant. Qu'y a-t-il
à faire pour obtenir ce résultat ? Créer dans
l'esprit du peuple le sens social, développer
le sens politique ; lui montrer au-dessus des intérêts particuliers qui n'engendrent que bassesse
et cupidité, l'intérêt général qui est la sauvegarde
de tous ; au-dessus de l'intérêt matériel, l'intérêt
moral, au-dessus du bien-être que donne la richesse, les jouissances ineffables que procure
aux plus humbles le sentiment de leur dignité,
par de là le luxe et les honneurs, ce trésor

inestimable, la sainte liberté ! Il faut que la loi devienne pour le paysan autre chose qu'une menace, qu'il voie dans l'autorité, autre chose qu'une compression ; il faut qu'il sache que la loi est l'expression aussi bien de son droit que de son devoir, que c'est lui qui la consent, la valide et la fait, et que tout représentant de l'autorité est son mandataire avant d'être son maître. Alors il obéira à cette loi non par contrainte et par peur, mais par devoir et par amour; à la place de cet homme brutal et ignorant vous aurez un *Citoyen*. Ce mot là dit tout.

Le patriotisme guerrier, le dévouement du peuple, a fait de la France la plus grande nation du monde ; il faut que ce peuple qui fait la loi au dehors, soit indépendant et libre à son foyer ; il faut que ces vaillants soldats, qui font tout plier, ne reviennent pas chez eux courber la tête sous le joug de l'ignorance et de la superstition. Nous faisons appel ici à toutes les intelligences et à tous les cœurs ; qu'on étudie le peuple, qu'on l'étudie de près, sans parti pris, on s'apercevra qu'il n'a pas attendu d'auxiliaires pour se mettre à l'œuvre et travailler à son émancipation. Qu'on vienne admirer le rude labeur qu'il recommence, chaque jour, avec obstination, et qu'on me dise si ce travailleur courageux n'a pas bien mérité de lui-même et conquis des droits à notre estime et à notre appui.

C'est qu'après l'amour de la patrie, il en a un autre plus journalier, plus incessant, celui du sol. « Cette terre où l'homme a si longtemps déposé le meilleur de l'homme, son suc et sa substance, son effort, sa vertu, il sent bien que c'est une terre humaine, et il l'aime comme une personne. Il l'aime : pour l'acquérir, il consent à tout... A quoi supposez-vous que rêve à votre porte, assis sur une borne, le commissionnaire Savoyard? Il rêve au petit champ de seigle, au maigre pâturage qu'au retour il achètera dans sa montagne. Il faut dix ans... n'importe. L'Alsacien, pour avoir de la terre dans sept ans, vend sa vie, va mourir en Afrique. Pour avoir quelques pieds de vigne, la femme de Bourgogne ôte son sein de la bouche de son enfant, met à la place un enfant étranger, sèvre le sien trop jeune. « Tu vivras, dit le père, ou tu mourras, mon fils ; mais si tu vis, tu auras de la terre. » N'est-ce pas là une chose bien dure à dire et presque impie? Songeons-y bien avant de décider. « Tu auras de la terre. » Cela veut dire : « Tu ne seras point un mercenaire qu'on prend et qu'on renvoie demain ; tu ne seras point serf pour ta nourriture quotidienne, tu seras libre. » Libre ! grande parole, qui contient toute dignité humaine ; nulle vertu sans la liberté. « Age impie, disent de pieux personnages, race matérielle, ces gens-là n'aiment que la terre ! C'est toute leur religion, ils n'adorent que le fumier de leur champ. » Malheureux pharisiens, si cette terre n'était que de la terre, ils ne l'achèteraient pas à ces prix insensés, elle n'entraînerait pas pour eux ces égarements, ces illusions. Vous hommes de l'esprit et point matériels, on ne vous y prendrait pas, vous calculez à un franc près ce que ce champ donne en blé ou en vin. Et lui, le paysan, il y ajoute un prix infini d'imagination ; c'est lui qui donne ici trop à l'esprit, qui est le poëte... Dans cette terre sale, infime, obscure, il voit distinctement reluire l'or de la liberté. La liberté pour qui connaît les vices obligés de l'esclave, c'est la *vertu possible*. Une famille, qui de mercenaire devient propriétaire, s'élève dans son estime et la voilà changée, elle récolte de sa terre une moisson de vertus. La sobriété du père, l'économie de la mère, le travail courageux du fils, la chasteté de la fille sont-ce là, je vous prie, des biens matériels, sont-ce des trésors qu'on peut payer trop cher ? » (Michelet. — Le Peuple.)

Je sais qu'en ces derniers temps on s'est effrayé outre mesure de ce morcellement de la propriété, on y a vu un danger pour la richesse du pays, un obstacle à ces grandes entreprises commerciales, industrielles, agricoles qui font l'accroissement et la prospérité d'un État. Nous n'avons pas à plaider ici la cause du prolétariat, il nous suffira de dire que le travail fonde la propriété plus justement que l'hérédité. Il nous semble aussi que ces grands propriétaires d'autrefois pour lesquels on s'éprend aujourd'hui d'une tardive admiration ont moins fait pour la prospérité matérielle de la France que ces petits propriétaires d'aujourd'hui, si actifs et si courageux ; et quant à l'impuissance prétendue engendrée par ce morcellement du terrain, nous avons à cela un remède infaillible, quand on voudra l'appliquer, l'*Association*.

Ainsi, nous trouvons dans le peuple français un mélange de hautes qualités et de défauts déplorables. Le paysan a l'instinct de l'honneur militaire, il sent que son titre de Français est un titre de noblesse, il saura le défendre et lui conserver son privilége ; le paysan est de plus fortement attaché au sol qu'il cultive et qu'il aime, et il résulte de cet attachement (au fond duquel nous trouvons un sentiment de dignité et d'indépendance) une propension à l'égoïsme, une tendance à la satisfaction des intérêts matériels. Le peuple est

déjà propriétaire et soldat, il ne reste plus-
qu'à l'élever à la dignité de citoyen.

§ X

L'instruction primaire suffit-elle au peuple ?

La tâche n'est pas aisée : entre la notion d'intérêt personnel et matériel, qui fait aujourd'hui
le fond de la morale populaire, et l'idée d'intérêt général et moral, que nous voulons lui
substituer, il y a un abîme ; et cet abîme ne
sera comblé ni par une loi, ni par des discours,
ni par des livres, mais surtout par le temps, par
les mœurs ; seulement nous comptons sur l'effet
des lois et de l'enseignement pour modifier les
mœurs et mettre le temps à profit.

Le reproche d'impatience et d'utopie se trou-
vant ainsi repoussé, examinons les moyens qui
peuvent hâter cette bienheureuse et pacifique révolution. Nous savons les difficultés qui s'opposent au développement de l'Instruction chez
le jeune homme sorti de l'école primaire, difficultés insurmontables tant qu'on n'aura pas établi
dans la maison commune, le dimanche, des cours
pour les adultes ; en essayant de définir le carac-

tère et les tendances du peuple nous avons constaté que, malgré les progrès accomplis, il était complètement dépourvu du sens politique et social et se traînait dans la sphère malsaine de l'égoïsme et de l'intérêt matériel. Le mal connu, le remède, qui est l'enseignement, étant indiqué, il nous reste à étudier son mode d'application, à dire quel sera cet enseignement.

L'étude de la loi est de première nécessité. La loi n'est-elle pas la sauvegarde de l'intérêt personnel aussi bien que l'expression de l'intérêt commun ? Parlez au paysan de ses intérêts, il vous écoutera, vous comprendra presque toujours et vous suivra certainement sur un terrain où il entreverra quelque profit. Depuis des siècles on reproche aux Normands leur amour de la chicane ; mais cette ténacité, cette minutie, n'est-ce pas un indice de fourberie dans le caractère et de subtilité d'esprit ? Non ; il y a longtemps que sur ce sol fertile le travail du serf a créé la propriété, longtemps que le morcellement a commencé, et que le paysan est devenu possesseur en totalité ou en partie de ses héritages grevés de cens et de rentes. Songez que ce malheureux serf d'hier, mince propriétaire d'un petit pré, d'un maigre champ, n'avait contre le Roi qui l'écrasait de tailles, le seigneur toujours prêt à faire main basse, le curé ou l'Abbaye qui prélevaient la dîme, n'avait, dis-je, d'autre défense que les formalités légales dont il pouvait s'entourer, d'autre recours qu'une procédure tortueuse, souvent partiale, et avec laquelle il fallait lutter de finesse et de mauvaise foi. Lutte déplorable, j'en conviens ; mais à qui la faute, à celui qui attaque ou à celui qui se défend ? Savez-vous, enfin, qu'il s'agissait pour le paysan normand d'être ou de ne pas être ? Il a vaillamment combattu ; sous ces armes vulgaires et ridicules, il a engagé le premier cette bataille aujourd'hui gagnée, du serf contre le seigneur, et qui se continue par la lutte du petit travailleur possédant contre le riche oisif usurpant ; faible et misérable, il n'a pas désespéré de sa cause, il a osé, lui ver de terre, s'attaquer aux puissants, et il est resté le maître.

Il serait facile de montrer par l'histoire, l'intervention de la loi sauvant les malheureux et les faibles de l'injustice et de l'oppression, assurant les droits de tous, du riche et du pauvre, à cette seule condition qu'on veuille la connaître.

Mais cette loi est à la fois une arme offensive et défensive ; elle devient entre les mains de celui qui s'en sert, contre celui qui l'ignore, un terrible instrument de tyrannie. Enfin elle est perfectible ; veut-on la réformer ? Il faut

pour cela la juger, la connaître, en observer
l'application. Je m'abuse, ou le paysan comprendra vite l'importance d'une étude qui assure
ses droits, l'arme contre la fraude, et le met à
même de provoquer des améliorations là où il
n'avait vu jusqu'ici que le dernier mot du despotisme et de l'arbitraire. — On enseignera donc
la législation usuelle.

L'appas est trouvé, mais le vrai, le grand résultat, le résultat moral, quel sera-t-il? Quand
le peuple aura appris à chercher dans le Code
les droits et les devoirs du propriétaire, de l'in-
dustriel et du commerçant, il finira par y trouver
ceux du citoyen. Il s'apercevra que le travail a
pour dernier but l'acquisition, c'est-à-dire l'affran-
chissement; il comprendra que cette liberté matérielle qui procure le bien-être physique, n'est
qu'un moyen de s'acheminer à cet état moral,
jouissance de l'âme, bien-être de l'esprit, satisfaction de la conscience que nous nommons indépendance et dignité, et que nous définissons :
Respect d'autrui fondé sur le respect de soi-même.
Le peuple saura, en étudiant le mécanisme social, les rouages de notre Constitution, que les
droits politiques du citoyen sont supérieurs aux
droits civils du propriétaire, comme l'or de la
probité est préférable aux misères d'une richesse
usurpée, la solidité de la vertu, au vain éclat

des honneurs. A cette étude de la législation usuelle s'adjoindra donc un cours de Droit politique et de Morale sociale. L'Histoire, la Philosophie contribueront à cet enseignement dans une mesure que nous croyons inutile d'indiquer, et qui devra se proportionner à l'état intellectuel de l'auditoire.

Nous avons touché ici au point difficile ; nous l'avouons sans scrupule, résolus que nous sommes à chercher avant tout remède au mal, fût-il incurable. Que ce soit là un obstacle insurmontable ou simplement difficile, nous l'attaquerons avec la même ardeur, la même franchise.

Je connais l'enfant pour l'avoir étudié de près et suivi à travers l'adolescence jusqu'aux limites de la jeunesse. Jean-Jacques a raison : C'est prendre l'éducation au rebours que de parler tout d'abord à l'enfant, de reconnaissance, d'amour, de dévouement, de sympathie, de morale. L'enfant a une logique de sauvage et j'entends par là qu'il ne reculera presque jamais devant les petites férocités de son égoïsme ; sa morale, c'est son plaisir, c'est l'objet le plus voisin qui l'effraie ou qui l'attire, son dévouement, c'est le besoin de protection, son attachement, c'est l'habitude. Voulez-vous obtenir de lui l'obéissance ? Il n'y a pour cela qu'un moyen, moyen du reste infaillible ; prouvez-lui qu'il est de son intérêt d'obéir ; par des raisonnements, des exhortations ? Vous perdriez votre temps à le mettre en défiance ; prouvez-le lui par des faits.

Avec quel intérêt j'ai suivi dans ces jeunes âmes les progrès de l'éducation, qui changeait, élargissait peu à peu leurs sentiments et leurs idées. Voilà leur égoïsme qui se heurte à celui de leurs petits camarades ; de là les luttes, les querelles, les alliances, les traités de paix, les trêves. C'est par la guerre, c'est dans la guerre que se développe au lycée l'esprit de société et que naît l'idée déjà abstraite d'un intérêt commun qui prime les intérêts particuliers. Ne pas se sacrifier à l'intérêt général est une faute, et cette faute est punie ou par l'opinion publique ou par des châtiments corporels ; je vous l'affirme, il y a là une police et un gouvernement : c'est l'image en petit des sociétés humaines.

Suivons ensemble les commencements et le progrès de ce microcosme politique. Chez ces tous petits, l'intérêt général n'est pas encore bien établi, les querelles, les oppressions, les délations y sont fréquentes ; le pouvoir du maître est absolu. — Ils grandissent, ils ont de dix à douze ans; les voilà qui se cherchent, s'unissent, partagent leurs friandises ; l'opinion publique se forme, l'intérêt commun s'accuse, les délations deviennent rares, on commence à commenter le fameux vers de Lafontaine :

Notre ennemi, c'est notre maître.

Et ce maître, on le discute. — Suivons cette petite nation de douze à quinze ans, vous observerez dans ses mœurs le développement de tous les germes que nous y avons signalés : l'intérêt général est désormais un principe assuré contre les ambitions ou l'égoïsme de chacun ; l'opinion rend des arrêts, contré les égoïstes surtout. Un membre de la jeune société, quand il est reconnu coupable de ce vice, est déclaré *chien* et flétri. Le maître n'est plus simplement discuté, il est *contrôlé*. — Dans la catégorie des grands, la solidarité est profonde, vivement sentie, l'opinion est toute-puissante, l'autorité elle-même la subit, et pour réussir dans ses fonctions, le maître doit être *accepté*.

Il est donc vrai que le temps et les nécessités ont créé et organisé cette société, que l'intérêt commun s'est accru et fortifié par les luttes contre l'égoïsme et l'ambition ; il est clair enfin que ce résultat n'a pas été obtenu par des leçons de Morale, l'étude de l'Histoire, du Droit et de la Philosophie ; c'est le contact, le frottement, en un mot, c'est l'expérience qui a fondé ce petit

État. Il y a pour nous dans cet exemple une ex-
cellente leçon que je crois pouvoir formuler
ainsi :

La loi de progrès moral et social est la même
pour les peuples et pour les individus ; ce n'est
que dans une société largement et longuement
éprouvée par les querelles intestines, le contact,
le mélange et le renouvellement des différentes
classes, que l'idée de l'intérêt commun, de droit
politique se fonde, et s'universalise. Or, c'est
précisément le souvenir de nos souffrances, de
nos guerres intestines, le spectacle de notre agi-
tation et de nos épreuves qui me font croire le
temps venu de jeter cette idée dans l'esprit du
peuple. Faisons-le sortir de l'isolement qui le
condamne à l'égoïsme ; mettons-le par l'enseignement en rapport avec les classes émancipées,
qu'il apprenne à les connaître et à les aimer.
Or la loi n'est-elle pas ici le lien commun, l'expression la plus vraie de l'intérêt général ? Qu'on
enseigne la loi au peuple. Il est enchaîné aux intérêts matériels qui le rendent avare, brutal;
qu'on lui enseigne la morale, non point par le
dogme, mais par des faits palpables, réels, par
l'histoire, la législation, par le bon sens, par la
raison. Guerre surtout, guerre à la routine, et
à la superstition, par la popularisation des sciences, et la vulgarisation de leurs découvertes.

Mais c'est un nouveau personnel de 50,000 professeurs que vous demandez, et quels professeurs! Car il vous faudra des savants pour enseigner le Droit, la Morale, l'Histoire, la Science? — Non; il faudra seulement que l'instituteur passe une année de plus à l'école normale. Y voyez-vous grande dépense ou grand mal? — C'est donc l'instituteur que vous chargez des Cours du Dimanche? — Pourquoi pas? Vous verrez qu'il s'en trouvera tout aussi bien que de s'occuper du catéchisme; vous verrez qu'il y gagnera en estime et en considération. — Autre question : et s'il ne venait personne à ces Cours? — Vous avez bien mauvaise opinion du peuple; mais laissons cela; nous voici disposés à faire la part très-large au mauvais vouloir et à l'indifférence. Ces cours devront être assidûment fréquentés par les adultes jusqu'à l'âge de vingt et un an. L'assiduité sera contrôlée par le maire et une commission élue par le conseil municipal; on récompensera ceux qui auront montré de l'exactitude et du zèle; on punira les paresseux et les indifférents. On a mille moyens d'établir solidement cette sanction, j'abandonne les détails pour ne m'occuper que du moyen le plus considérable et dont l'efficacité me paraît incontestable. Il y aura chaque année dans chaque canton un comité d'examen devant lequel se présenteront les jeunes gens qui auront vingt et un an accomplis, où chacun sera interrogé sur la matière des cours du Dimanche : l'épreuve subie d'une manière brillante donnera lieu à une distinction ; si elle n'est pas satisfaisante, le candidat sera déclaré inapte au vote et comme tel on lui refusera sa carte d'électeur jusqu'à ce qu'il ait rempli les conditions requises.

Qu'y a-t-il d'exorbitant dans cette mesure ? L'électeur, vous en convenez, est responsable de son vote ; et comment établirez-vous cette responsabilité sur le mauvais vouloir et l'ignorance ?

Il nous resterait beaucoup à dire ; et si nous voulions traiter complétement la question de l'instruction populaire, il nous faudrait parler maintenant de l'instruction professionnelle ; de son utilité, de son insuffisance. Nous ne voulons pas dépasser les limites que nous nous sommes prescrites, et nous résumons de la sorte les réflexions que nous avons precédemment développées sur l'instruction primaire et ses rapports avec l'état politique actuel.

I

L'instruction primaire est le premier et le plus puissant moyen de moraliser le peuple.

Cette moralisation est utile, elle est impérieusement commandée par les circonstances. La négliger, c'est compromettre l'avenir et mettre en question la tranquillité du pays, c'est faire du suffrage universel, cet instrument de progrès, un danger social, un prétexte à l'anarchie, un motif à la servitude.

II

L'instruction primaire n'est guère donnée d'une manière satisfaisante qu'à la moitié des enfants ; nous demandons qu'elle soit assurée à tous contre l'indifférence, la spéculation ou la misère des parents ; qu'elle soit rendue gratuite et obligatoire. Gratuite, il n'y a pas à cela de difficulté sérieuse ; obligatoire, c'est le vœu du pays. En le satisfaisant, l'Etat ne fera qu'exercer un de ses droits les plus imprescriptibles ; il assu-

rera les droits de l'enfant, et établira la morale sociale
sur une base inébranlable.

III

L'instruction primaire est entravée par l'admission
d'éléments étrangers et nuisibles ; nous demandons
qu'on les élimine ; que l'enseignement laïque se dégage
de ses entraves et reprenne son véritable caractère ;
que l'instituteur soit affranchi de la tutelle morale du
curé, tutelle qui le rabaisse et le paralyse ; qu'il soit
doté d'un traitement convenable : c'est le seul moyen
de lui donner le prestige et la considération nécessaires
à la réussite de sa mission.

VI

L'instruction primaire est insuffisante : nous demandons que, par un enseignement destiné aux adultes,
on développe, dans l'esprit du peuple, le sens politique,
l'idée de la morale sociale, et cette notion sans laquelle une grande nation ne peut vivre et prospérer,
que l'intérêt de tous est supérieur à l'intérêt de chacun.

Ce n'est pas d'hier que ces graves questions nous préoccupent, l'instruction populaire a été longtemps l'objet de nos méditations et de nos recherches.

A aucune époque, du reste, on n'avait plus vivement senti le besoin de mettre les masses en contact avec les beautés de l'art et de la littérature, les enseignements si pratiques et si moralisants de la philosophie et de l'histoire, surtout les grands principes des sciences physiques. Il en est résulté de nombreuses et honorables tentatives qui resteront dans l'histoire du XIXᵉ siècle comme autant de titres à la reconnaissance de la postérité ; ainsi nous avons eu *la Bibliothèque des connaissances utiles, la Bibliothèque nationale, la Bibliothèque utile, l'Encyclopédie des écoles,* etc., etc.

Mais rien dans ce genre n'a été fait jusqu'ici qui fût spécialement consacré aux classes ouvrières. Faire des livres destinés à propager les connaissances indispensables à l'homme des champs comme à l'homme des villes, à l'ouvrier comme au patron, les écrire en langage usuel, simple, correct, pour qu'ils soient accessibles à tous, les revêtir d'une forme dramatique et vivante pour qu'ils intéressent tout le monde ; enfin, surtout les vendre aussi bon marché que

possible, tel a été notre but en fondant *l'Encyclopédie populaire.*

Vingt-quatre volumes seront publiés chaque
année. Nous nous sommes assuré la collabora-
tion de gens spéciaux, littérateurs, médecins,
avocats, physiciens, chimistes, dont les capacités
et le dévouement à la cause populaire nous sont
connus. Le programme de la première année
est tracé, la plupart des ouvrages sont composés
et sous presse. Voici des titres qui diront assez
que nous avons songé au cours du Dimanche
et comment nous le comprenons.

Etat des paroisses avant 89 (récit villageois)
2 volumes.

C'est un ouvrage de législation et d'histoire,
palpitant d'intérêt par le récit dramatique des
misères que les institutions du temps causaient
à nos pères. Le cultivatenr y trouvera ressuscités
ces collecteurs de tailles, ces anciens décimateurs,
ces sergents, ces baillis, ces intendants du seigneur dont les réclamations perpétuelles faisaient
la terreur et le désespoir de ses ancêtres; il
y vivra de leur vie, sentira leurs labeurs, s'intéressera à leurs luttes, plaindra leurs misères, et
comparant la législation présente à celle du passé,
il bénira cette révolution de 89 dont on lui a dit
tant de mal et qui l'a affranchi.

Viendront ensuite six volumes de Droit.

Conseils d'un juge de paix a ses justiciables (4 vol.)

Les Successions *ab intestat*, Les Testaments, Conversation d'un Avocat (2 vol.)

C'est un cours de législation usuelle où les principes de notre Droit civil sont brièvement et simplement exposés. L'auteur y indique avec soin la marche à suivre dans les différentes affaires qui se peuvent présenter, et ne manque jamais de dire quel est le prix fixé par la loi pour les différents actes que ces affaires nécessitent.

Nous avons dit qu'il était indispensable d'étudier le mécanisme social, les relations non-seulement de l'ordre moral, mais encore de l'ordre matériel, qui nous attache les uns aux autres. Nous aurons pour répondre à ce besoin une série d'œuvres économiques et philosophiques.

Etudes sur les principales sources de la richesse en France.

1ʳᵉ *Partie*. — Agriculture, vignes, céréales, fruits, domestication, élevage, etc.

2ᵉ *Partie*. — Industrie, sucre, coton, soie, métaux, etc.

Philosophie au coin du feu ou entretiens d'un père avec ses enfants :

1ʳᵉ *Partie*. — Dieu et l'homme.

2ᵉ *Partie*. — L'homme et la nature.

3ᵉ *Partie*. — L'individu et la société.

4ᵉ *Partie*. — La famille, la société et l'individu.

La série des ouvrages scientifiques sera pourvue abondamment. On n'oubliera pas le double but que nous nous proposons: INSTRUCTION. UTILITÉ.

La physiologie mise à la portée de tous dans ce qu'elle a de plus pratique, les lois de l'hygiène vulgarisées, les merveilles de la chimie appliquée à l'industrie et à l'agriculture, les puissantes ressources de la mécanique, l'étude des deux grandes forces que nous nommons *Electricité et Vapeur*, l'examen sommaire des beautés sublimes et attrayantes de la cosmographie, l'exposé rapide de la physique, deux sciences qui ont détruit déjà tant de préjugés et fait une guerre mortelle à la superstition, enfin, l'histoire du prolétariat dans la science, c'est-à-dire la biographie des ouvriers inventeurs, où l'on placera toujours, sous les yeux du peuple, *l'exemple de ceux qui ont conquis la fortune par le travail, l'estime par la probité, la gloire par le courage*, telles sont les différentes parties de notre programme sur ce point.

Forts de la conscience du bien que nous voulons réaliser, soutenus par l'espoir profond que nous avons dans l'avenir du peuple, entraînés par le dévouemeut qui nous attache à sa cause (ne lui appartenons-nous pas par notre origine et notre condition!) nous nous présentons avec confiance devant lui, le cœur plein de sympathie, les mains remplies de ces richesses intellectuelles et morales qui valent mieux que tous les trésors du monde.

Sûrs de l'excellence de notre cause, de l'appui des gens éclairés et sincères, nous voici établis sur la brèche où nous ne cesserons désormais de combattre et de crier « *Instruisez, instruisez!* » Ne craignez pas d'ouvrir un lit au torrent, il briserait vos digues et vous emporterait. Elevez les classes deshéritées jusqu'à vous, sinon elles s'éleveront sans vous, vous envahiront, vous absorberont.

ERRATA :

Page 6, ligne 16, *au lieu de :* six cents mille ; *lisez :* six cent mille.

Page 6, ligne 19, *au lieu de :* sur ce but, *lisez :* sur le but.

Page 21, ligne 9, *au lieu de :* et la le devoir de moraliser que ce travail nous crée justice ; n'oublions pas les classes émancipées, *lisez :* et la justice ; n'oublions pas que ce travail nous crée le devoir de moraliser les classes émancipées.

Page 22, ligne 15, *au lieu de :* d'enseigner aux enfants et la lecture ; *lisez :* d'enseigner aux enfants la lecture.

Page 24, ligne 1re, *au lieu de :* sur 170 accusés ; *lisez :* sur 100 accusés.

Page 53, ligne 27, *au lieu de :* perdre de sorte ; *lisez :* perdre de la sorte.

Page 56, ligne 3, *au lieu de :* et telle ; *lisez :* et cela.

id.   ligne 10, *au lieu de :* par lui ; *lisez :* pour lui.

Page 56, ligne 26. *au lieu de :* nous avons ; *lisez :* nous avions.

Page 62, ligne 16, *au lieu de :* ce ; *lisez :* Ce.

Cœn, imp. G. Philippe.